Obed Bangdome Ofori

Estudo qualitativo sobre os serviços de assistência ao parto em Bibiani Anhwiaso Bekwai

Obed Bangdome Ofori

Estudo qualitativo sobre os serviços de assistência ao parto em Bibiani Anhwiaso Bekwai

ScienciaScripts

Imprint

Any brand names and product names mentioned in this book are subject to trademark, brand or patent protection and are trademarks or registered trademarks of their respective holders. The use of brand names, product names, common names, trade names, product descriptions etc. even without a particular marking in this work is in no way to be construed to mean that such names may be regarded as unrestricted in respect of trademark and brand protection legislation and could thus be used by anyone.

Cover image: www.ingimage.com

This book is a translation from the original published under ISBN 978-3-659-66611-7.

Publisher:
Sciencia Scripts
is a trademark of
Dodo Books Indian Ocean Ltd. and OmniScriptum S.R.L publishing group

120 High Road, East Finchley, London, N2 9ED, United Kingdom
Str. Armeneasca 28/1, office 1, Chisinau MD-2012, Republic of Moldova, Europe
Printed at: see last page
ISBN: 978-620-7-95438-4

Índice:

PORQUE É QUE ALGUMAS MULHERES PREFEREM PERSISTENTEMENTE
AS PARTEIRAS TRADICIONAIS
E O PARTO DOMICILIÁRIO? UM
ESTUDO
QUALITATIVO
SOBRE OS SERVIÇOS DE ASSISTÊNCIA AO PARTO NOS
SUB-DISTRITOS DE
CHIRANO E BEKWAI
NO DISTRITO DE BIBIANI ANHWIASO BEKWAI DA
REGIÃO OCIDENTAL

OBED BANGDOME OFORI

RESPONSÁVEL TÉCNICO (CONTROLO DE DOENÇAS)

(c) 2014

DEDICAÇÃO

Este trabalho de investigação é dedicado a Sarah Asante, também conhecida como Maame Totwene, uma parteira tradicional de Subiri que exerce a sua atividade há mais de três décadas.

RECONHECIMENTO

Este projeto recebeu financiamento da Iniciativa de Saúde de Sefwi (SHI) e da Administração Distrital de Saúde de Bibiani Anhwiaso Bekwai. A SHI é uma organização não governamental de base sem fins lucrativos que procura promover a saúde e o bem-estar das pessoas da região de Sefwi através da educação, da assistência financeira e do apoio emocional e espiritual. O meu profundo agradecimento vai também para os membros da comunidade, para os voluntários da vigilância comunitária e para os profissionais de saúde das sete aldeias e para todos os participantes da administração distrital de saúde que estiveram envolvidos no estudo. Estou grato à Dra. Nana Asampong Brobbey, à Sra. Eva Annor Mozu, ao Dr. Alex Nana Djan e à Sra. Gisele Fortin pelo seu apoio a este projeto. A fonte de financiamento não teve qualquer papel na conceção do estudo, na recolha de dados, na análise dos dados, na interpretação dos dados ou na redação deste artigo.

RESUMO EXECUTIVO

Antecedentes: De acordo com uma análise recente, cerca de 20-30% da mortalidade neonatal poderia ser reduzida através da implementação de serviços de cuidados de parto qualificados. O distrito de Bibiani Anhwiaso Bekwai registou um total de 18 mortes maternas entre 2008 e 2013. Os registos de cuidados pós-natais do Centro de Saúde de Chirano entre 2008 e 2013 mostram que 76,4% dos partos foram realizados por parteiras tradicionais. Uma comparação entre os nascimentos reais que ocorreram na clínica de Humjibre, noutras unidades de saúde (localizadas fora da área de influência da clínica de Humjibre) e nas parteiras tradicionais mostrou que 23% ocorreram na clínica de Humjibre, 36% noutras unidades de saúde e 41% sob a supervisão de parteiras tradicionais. Este estudo tem por objetivo determinar os factores que afectam a decisão de escolher a parteira e o local do parto em sete aldeias dos subdistritos de Chirano e Bekwai.

Métodos: De fevereiro a maio de 2014, foi realizado um estudo qualitativo com recurso a discussões de grupo de foco e entrevistas aprofundadas em sete aldeias selecionadas de dois sub-distritos do distrito de BAB. Foram realizadas 20 discussões em grupo de foco e 55 entrevistas aprofundadas, envolvendo um total de 195 participantes, representando mães, pais, prestadores de cuidados de saúde, parteiras tradicionais, líderes comunitários e organizações não-governamentais relacionadas com a saúde materna.

Resultados: Algumas comunidades preferiam a utilização de parteiras tradicionais e o parto domiciliário, independentemente da disponibilidade de parteiras num centro de saúde ou numa clínica. Os factores mais importantes para o recurso às parteiras tradicionais e/ou ao parto domiciliário foram (1) as razões económicas e pragmáticas, uma vez que os custos do parto com uma parteira no centro de saúde ou na clínica eram considerados incomportáveis. Isto foi motivado pelo baixo estatuto económico dos membros da comunidade, (2) difícil acesso ao pessoal e às instalações de cuidados de saúde, porque o parto normalmente ocorria à noite e conseguir um veículo para o centro de saúde ou clínica era um desafio, (3) medo de cirurgia e o inconveniente do posicionamento do parto no centro de saúde, clínica ou hospital, e (4) atitude dos profissionais de saúde: os participantes em Humjibre e Kojina 'A' expressaram que a atitude dos profissionais de saúde era inadequada.

No entanto, alguns membros da comunidade consideraram que os serviços de parteiras com formação durante o parto ou um parto institucional só eram importantes em caso de complicações obstétricas. Alguns líderes comunitários também partilharam a opinião de que a implementação da recomendação da OMS sobre a interrupção da assistência aos partos por parte das parteiras tradicionais poderia levar a mais casos de mortes maternas e neonatais e, por isso, sugeriram que as parteiras tradicionais deveriam ser formadas para continuarem a fazer os partos que conseguem tratar.

Conclusões: Deve ser considerada uma estratégia abrangente para aumentar a disponibilidade, a acessibilidade e a acessibilidade económica dos serviços de cuidados no parto no distrito de BAB. A Administração Distrital de Saúde tem de rever urgentemente os itens solicitados às mulheres grávidas durante o parto e uniformizá-los em todas as unidades de saúde do distrito. Uma formação em serviço sobre relações interpessoais para as parteiras poderia ajudar a obter partos mais qualificados. São necessárias estratégias de educação para a saúde para aumentar a consciencialização da comunidade sobre a importância do parto qualificado e os programas de educação devem também chamar a atenção dos familiares e amigos das mulheres grávidas, uma vez que estes desempenham um papel central na decisão do local do parto. O uso da cesariana como estratégia para fazer com que as mulheres empurrem deve ser abolido imediatamente, uma vez que faz com que a operação de cesariana pareça assustadora para aquelas que realmente precisam dela. O distrito deve considerar a possibilidade de dar formação e equipar as parteiras tradicionais para realizarem partos limpos, a fim de evitar infecções durante o parto, uma vez que o distrito não dispõe de parteiras suficientes.

CAPÍTULO 1

1.0 INTRODUÇÃO

1.1 CONTEXTO DO ESTUDO

A Organização Mundial de Saúde (OMS) refere que a mortalidade materna é inaceitavelmente elevada e que cerca de 800 mulheres morrem todos os dias em todo o mundo devido a causas evitáveis relacionadas com a gravidez e o parto (OMS, secção de factos principais de 2012, para. 1). Estima-se que 99% destas mulheres provêm dos países em desenvolvimento (OMS, secção de factos essenciais de 2012, parágrafo 2), sendo que mais de metade destas mortes ocorrem em locais com poucos recursos (OMS, 2012, parágrafo 1). O rácio de mortalidade materna (RMM) diminuiu 45% entre 1990 e 2013, ou seja, de 380 para 210 mortes por 100 000 nados-vivos (Nações Unidas, sem data, para. 1). De acordo com a Agência de Notícias do Gana (GNA) (citada pelo portal oficial do Governo do Gana, 2014), no Gana morrem 2 700 mulheres por ano devido à gravidez ou ao parto e quase 60 mulheres morrem todas as semanas devido a causas relacionadas com a gravidez e o parto. A atenção mundial começou a centrar-se mais seriamente na mortalidade materna em 1985, quando Rosenfield e Maine alertaram o mundo para o facto de que muitos países em desenvolvimento estavam a negligenciar este importante problema e que era pouco provável que os programas existentes conseguissem reduzir as elevadas taxas de mortalidade materna no mundo em desenvolvimento (Rosenfield e Maine, 1985 citados por Senah, 2003). Uma publicação atribuída ao Fundo das Nações Unidas para a Infância (UNICEF) revela que, em setembro de 2000, juntamente com outros 188 países, o Gana assinou a declaração do milénio das Nações Unidas, comprometendo-se a erradicar a pobreza extrema em todas as suas formas. O Objetivo de Desenvolvimento do Milénio (ODM) quatro (4) visa reduzir em dois terços (66,67%), entre 1990 e 2015, a taxa de mortalidade das crianças com menos de cinco anos até 2015 e o ODM 5 visa reduzir em três quartos (75%), entre 1990 e 2015, a taxa de mortalidade materna e alcançar, até 2015, o acesso universal à saúde reprodutiva (UNICEF, 2012).

1.2 DECLARAÇÃO DO PROBLEMA
O panorama geral

A RMM global (ou seja, o número de mortes maternas por 100 000 nados-vivos) terá diminuído apenas 3,1% por ano, o que está longe do declínio anual de 5,5% necessário para alcançar o ODM5 (Action for Global Health, 2014). A SEND-Gana, uma Organização Não Governamental (ONG) (citada por Peace Ghana, 2014) concluiu que "Entre 1990 e 2005, os rácios diminuíram consideravelmente de 740 por 100 000 nados-vivos para 503 por 100 000 nados-vivos e depois para 451 mortes por 100 000 nados-vivos em 2008. Desde 2010, o rácio de mortalidade materna manteve-se em 350 por 100 000 nados-vivos". O Gana ocupa o quadragésimo primeiro lugar no índice mundial de MMR do Centro de Inteligência dos Estados Unidos (GNA, 2012). Esta lenta taxa de progresso é claramente destacada no relatório da OMS sobre a contagem decrescente para 2015, que concluiu que apenas 9 dos 74 países com as mais altas taxas de mortalidade materna no mundo estavam a cumprir o objetivo de atingir o ODM 5 (OMS, 2012).

De acordo com o Western Health Periscope (sem data), tem havido várias queixas, especialmente no Gana, sobre a má atitude das parteiras que prestam cuidados e que, como tal, afecta o acesso a serviços médicos qualificados de várias formas. Entretanto, o Ministério da Saúde observou que a idade das parteiras em exercício no Gana está estimada em 54 anos, prevendo-se que cerca de 90% delas se reformem nos próximos seis anos (GNA, 2013).

A investigação da MamaYe Ghana indica que, se todas as mulheres no Gana dessem à luz com uma parteira numa instalação que prestasse Cuidados Obstétricos e Neonatais de Emergência em pleno funcionamento, bem como recebessem todos os outros aspectos dos cuidados reprodutivos que as parteiras prestam, 69% das mortes maternas poderiam ser evitadas ou, em alternativa, 2.000 mortes maternas poderiam ser evitadas em 2015 (MamaYe, 2014).

A situação materna no distrito de Bibiani Anhwiaso Bekwai (BAB)

Este documento utiliza avaliações efectuadas a partir do Sistema Distrital de Gestão de Informação sobre Saúde Dois (DHIMS-2) de 2008 a 2013. Mostra que das 34.252 mulheres registadas durante os cuidados pré-natais (ANC), 27.297, representando 79,6%, fizeram até quatro visitas para aceder aos ANC antes do parto. Isto mostra um desvio em relação à recomendação da OMS de um modelo padrão de quatro consultas pré-natais para todas as mulheres grávidas (OMS, 2002) e 90% de cobertura de ANC estabelecida pelo distrito de BAB. Nos mesmos períodos, foi registado um total de 23.044 partos, dos quais 17.925, representando 78%, foram partos qualificados e 5.119, representando 22%, foram partos TBA. Registou-se um total de 18 mortes maternas, 326 nados-mortos (dos quais 142 eram frescos e 184 eram macerados) e 610 abortos. A RMM distrital e a taxa de mortalidade infantil situam-se em 75 por 100.000 e 30 por 1.000 nados-vivos, respetivamente (relatório anual do distrito de BAB, 2013).

Situação materna no sub-distrito de Chirano

Tal como muitas zonas rurais pobres, o sub-distrito de Chirano está mal servido em termos médicos. No sector público, o sub-distrito tem um centro de saúde (localizado em Chirano, a capital do sub-distrito) e um complexo de Planeamento e Serviços de Saúde com Base na Comunidade (CHPS) (localizado em Surano). No sector privado, a Clínica da Kinross Chirano Gold Mines Limited existe em Akoti/Etwebo mas não presta serviços de cuidados maternos. A avaliação abaixo também foi efectuada com base no DHIMS-2 de 2008 a 2013. No total, foram registados 289 partos qualificados no centro de saúde de Chirano entre esses períodos. As contas de PNC retratam uma situação alarmante em que foram registados 1.524 nascimentos no período em análise, dos quais a maior parte dos 1.165, representando 76,4%, foram partos TBA e 359, representando 23,6%, foram realizados por parteiras formadas. No entanto, uma análise recente indicou que cerca de 20-30% da mortalidade neonatal poderia ser reduzida através da implementação de serviços de cuidados de parto qualificados (Darmstadt et al. citado por Titaley et al., 2010). Não foram registadas mortes maternas e neonatais durante o período de seis anos.

Situação materna no sub-distrito de Bekwai

Na altura do estudo, o centro de saúde de Bekwai e a clínica de Humjibre eram as duas unidades de saúde pública acreditadas para prestar serviços de cuidados de saúde materna no sub-distrito de Bekwai. A análise do DHIMS2 de 2008 a 2013 mostrou que a clínica de Humjibre registou 1.205 registos de ANC. De um total de 1 045 nados-vivos registados, 615, representando 59%, foram partos qualificados e 430, representando 41%, foram associados a TBA. Dos 615 partos qualificados registados, 235, representando 38%, tiveram lugar na clínica de Humjibre e os restantes 380, representando 62%, ocorreram noutras unidades de saúde localizadas fora da área de influência da clínica de Humjibre.

A partir da análise acima, pressupõe-se que a maioria das mulheres na área de Humjibre se submete a um parto qualificado, mas fá-lo fora da clínica de Humjibre, que é a clínica mais próxima. No entanto, os atrasos no acesso e na receção de cuidados de saúde adequados foram reconhecidos como duas barreiras diferentes que as mulheres enfrentam para obter os cuidados médicos atempados e eficazes necessários para evitar as mortes que ocorrem na gravidez e no parto (Maternity worldwide, 2014). À semelhança do Centro de Saúde de Chirano, a clínica de Humjibre também registou zero mortes maternas e neonatais durante o período de seis anos.

No entanto, deve ser dito neste momento que estes são números baseados em instituições. De acordo com Senah (2003), "tal como as estatísticas criminais, o 'número negro', ou seja, o número de casos não notificados, nunca será conhecido, especialmente no contexto do Gana, onde os partos domiciliários ultrapassam os partos institucionais e onde as mortes não são normalmente notificadas". Senah afirmou que os números institucionais também são problemáticos porque as instituições de saúde carecem lamentavelmente de um sistema de registos eficaz. Presumivelmente, portanto, quanto mais eficaz for o sistema de registos, mais exato será o número institucional.

1.3 Objectivos da investigação

1.3.1 Objetivo principal

O principal objetivo era determinar os factores que afectam a decisão de selecionar a parteira e o local do parto nas comunidades dos sub-distritos de Chirano e Bekwai, no distrito de BAB, na região ocidental.

1.3.2 Objectivos específicos

Especificamente, o estudo foi concebido para atingir os seguintes objectivos

1. Explorar os factores existentes nas comunidades que promovem o TBA ou o parto domiciliário.
2. Explorar os factores existentes nas unidades de saúde que impedem o aumento do parto supervisionado.
3. Avaliar os papéis atractivos dos TBAs que levam algumas mães grávidas a utilizá-los persistentemente.
4. Sugerir recomendações para melhorar a cobertura de partos qualificados no distrito de BAB, a fim de alcançar os ODM 4 e 5.
5. Divulgar os resultados do estudo para que possam ser úteis tanto para o distrito de BAB como para outros distritos com dificuldades semelhantes.

1.4 Importância do estudo

- O estudo foi concebido para fornecer informações vitais sobre os factores que desencorajam as mães grávidas de optarem por um parto especializado.

- O estudo foi orientado para ser benéfico para a Equipa Distrital de Gestão da Saúde (DHMT), a fim de verificar as responsabilidades dos prestadores de serviços nas comunidades selecionadas.

- O estudo teve como objetivo divulgar os resultados do estudo para que possam ser úteis tanto para o distrito de BAB como para outros distritos na realização dos ODMs 4 e 5.

1.5 Limitações do estudo

- O autor que recolheu os dados é um profissional de saúde, o que pode ter influenciado algumas das respostas dos participantes durante a entrevista.

- A falta de apoio financeiro adequado levou o autor a reduzir a população do estudo. Consequentemente, levou ao não envolvimento de alguns grupos pretendidos que foram considerados como tendo contribuições importantes para o tema.

- Não foi possível voltar à comunidade para verificar os membros devido a restrições de recursos. No entanto, os resultados são consistentes com os resultados de outros estudos analisados.

1.7 Antecedentes da área de estudo

1.7.1 Localização

O distrito de Bibiani- Anhwiaso-Bekwai está situado entre os seis graus de latitude norte (6° N) e os três graus de latitude norte (3° N) e os dois graus de longitude oeste (2° W) e os três graus de longitude oeste (3° W). O distrito é limitado a norte pelo distrito de Atwima Mponua na região de Ashanti, a sul por Wassa Amenfi na região ocidental, a oeste pelo distrito de Sefwi Wiawso na região ocidental e a leste por Upper Denkyira West e Asante Bekwai na região central e na região de Ashanti, respetivamente. A área total do distrito é de 873 km quadrados (Bibiani- Anhwiaso-Bekwai District Assembly, 2006).

1.7.2 Instalações sanitárias

O Distrito está dividido em cinco (5) sub-distritos e tem cerca de cento e dezanove (119) comunidades. Como se pode ver na tabela 1, existem três (3) Centros de Saúde situados em Anhwiaso, Bekwai e Chirano. Existem seis (6) clínicas públicas situadas em Wenchi, Asawinso, Mmerewa, Humjibre, Bassengele, Bibiani e oito (8) complexos de CHPS em Aboduabo. Domenebo 2, Bethlehem, Atronsu, Ashiam, Kumkumso, Asempanaye e Surano. Existem também quatro (4) clínicas privadas e uma (1) clínica de minas no distrito. Estas são a clínica Kate Afram, a clínica Rescue, a clínica St. Mark, a clínica Reed Danos e a clínica Kinross Mines. Existem quatro (4) hospitais nos distritos, nomeadamente Bibiani District Hospital - Bibiani, Ghana Bauxite Company Hospital - Awaso, Noble Gold Company Hospital - Bibiani e Divine Love Hospital - Bibiani.

As seguintes 12 instituições de saúde estão mandatadas para oferecer serviços de parto a mulheres grávidas no distrito: Bibiani Government Hospital, Divine Love Hospital, Reed Danos Medical centre, Ghana Bauxite Company Hospital, Humjibre clinic, Chirano Health Centre, Bekwai Health Centre, Anhwiaso Health Centre, Bassengele clinic, Wenchi clinic, Asawinso clinic e Nobles Gold clinic.

Tabela 1. Infra-estruturas de saúde no distrito (relatório anual do distrito BAB, 2013)

CATEGORIAS	PROPRIEDADE				
	GOVERNO	PRIVADO	MINAS	CHAG	TOTAL

HOSPITAL	1	1	2	0	4
CLÍNICA	6	3	1	1	11
CHPS	8	0	0	0	8
CENTRO DE SAÚDE	3	0	0	0	3
TOTAL	18	4	3	1	26

CAPÍTULO 2

2.0 REVISÃO DA LITERATURA

A análise baseou-se num método previamente descrito num estudo sobre mortalidade materna (Thaddeus e Maine (1994) citados por Titaley et al., 2010). Os factores que afectam a decisão de selecionar a parteira e o local do parto foram divididos em cinco grupos principais: económicos e pragmáticos, confiança e tradição, perceção da necessidade, acesso aos serviços e perceção dos membros da comunidade sobre a competência dos prestadores de cuidados (como se mostra na Figura 1).

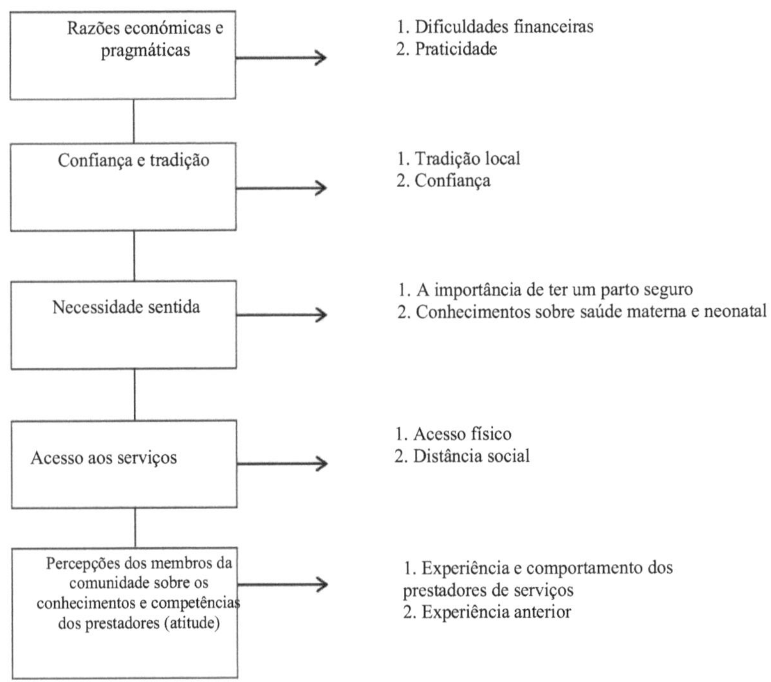

Figura 1: Factores que afectam a decisão das mulheres de utilizar os serviços de cuidados de parto

2.1 Razões económicas e pragmáticas

O Gana introduziu a Iniciativa de Cuidados Maternos Gratuitos (FMHCI) em julho de 2008. Trata-se de uma política de cuidados médicos gratuitos para todas as mulheres grávidas ao abrigo do Regime Nacional de Seguro de Saúde (NHIS). A graphic online publicou que a política foi anunciada pelo presidente do Gana após uma viagem ao Reino Unido, onde o governo britânico prometeu 42,5 milhões de libras esterlinas para apoiar os esforços de redução da mortalidade materna, tal como previsto nos ODM (Graphic online, 2008). De acordo com o NHIS, as beneficiárias do FMHCI são todas as mulheres grávidas residentes no Gana. Ao abrigo do FMHCI, todas as mulheres grávidas têm direito a serviços de cuidados de saúde gratuitos em todas as instalações de cuidados de saúde acreditadas pelo NHIS desde o período em que as mulheres são certificadas por um médico, enfermeiro ou parteira como estando grávidas até nove meses após o nascimento da criança, após um registo gratuito e emissão do cartão de membro do NHIS. As emergências durante o parto e todos os outros problemas médicos que surgissem durante esse período estariam cobertos pela política de cuidados de saúde maternos gratuitos (NHIS, sem data).

Um inquérito realizado pela Aliança para os Direitos da Saúde Reprodutiva no âmbito do seu projeto de transparência e responsabilização revelou que muitas mulheres continuam a dar à luz fora das unidades de saúde, apesar da introdução de programas como o FMHCI. O inquérito procurou sugerir que as questões relacionadas com os custos ocultos ao nível das unidades de saúde desencorajavam as mulheres grávidas de aceder aos cuidados maternos gratuitos em três regiões de três distritos administrativos, nomeadamente Juaboso na região ocidental, Offinso na região de Ashanti e Bongo na região do Alto Oriente. Segundo elas, os encargos incluíam o pagamento de cartões pré-natais, material hospitalar como sabão, roupa de cama, dettol, pagamento de custos para enterrar a placenta, mackintosh, alimentos e alguns artigos que deveriam estar disponíveis, mas que infelizmente não eram fornecidos nos centros de saúde (GhanaWeb, 2013).

Dados sociodemográficos bem documentados indicam também que as mulheres de meios relativamente pobres, que vivem em zonas rurais e/ou com baixos níveis de educação têm menos probabilidades de aceder aos serviços pré-natais, mesmo que estes sejam prestados (Simkhada et al., 2008). Outros factores, incluindo ter um marido com um baixo nível de educação, viver a uma longa distância de uma clínica e ter uma paridade elevada, também foram identificados como barreiras (Basani, et al., 2009).

2.2   Sócio-cultural - Tradição

Embora a conceção e o parto sejam eventos biológicos, são significativamente influenciados pelos usos e nuances culturais da comunidade (Senah, 2003). De acordo com Sarpong (1974 citado por Senah, 2003), entre o povo Asante "a gravidez é considerada um fenómeno feliz e, tradicionalmente, o seu início é o alvo da maioria das actividades sexuais, especialmente no casamento". A este respeito, Sarpong (1974 citado por Senah, 2003) afirma que, ao oferecer orações para os recém-casados, o povo Asante apela a Deus, aos deuses e aos espíritos ancestrais para que abençoem a noiva com o ventre de um elefante. Arhin (2001) faz saber que, em muitas sociedades do Gana, é culturalmente considerado imodesto mostrar sinais precoces de gravidez até que esta seja visível (citado por Senah, 2003).

As restrições mais prevalecentes na gravidez, segundo Senah (1993) (citado por Senah 2003), estão relacionadas com tabus alimentares. Apesar de alimentos como caracóis e ovos serem recomendados como ricos em proteínas durante as reuniões de ANC, Senah expõe que, em algumas sociedades do Gana, não se espera que as mulheres grávidas comam caracóis para que a criança não nasça a babar-se; não devem comer ovos para que a criança não se torne num ladrão. Sobretudo em Kassena e Nankana, na região do Alto Oriente, as mulheres grávidas estão limitadas a uma dieta vegetariana; não podem comer carne nem amendoins para não darem à luz "crianças espirituais", continuou Senah.

2.2.1 Sócio-cultural - Confiança

O grande arsenal de práticas consuetudinárias empregues para lidar com o período desde a gravidez até ao puerpério está sob a custódia do TBA, que domina a cena obstétrica e ginecológica em grande parte do Gana rural (Senah, 2003). Geralmente um ancião da aldeia muito respeitado, o TBA é considerado uma autoridade na tradição médica tradicional associada à gravidez e à criação dos filhos, aos modos tradicionais de planeamento familiar e ao tratamento da infertilidade e das deficiências de lactação. Os TBAs, que são maioritariamente mulheres, falam a língua dos seus clientes; permitem que estes se posicionem de forma confortável para o parto, cobram muito menos, aceitam pagamentos em géneros e lidam com os esforços do parto. Talvez ainda mais importante é o facto de dar um forte apoio emocional durante e após o parto. A grande maioria delas, porém, não tem formação. No contexto em que a maioria dos partos ocorre fora das unidades de saúde e é efectuada por parteiras tradicionais com e sem formação, a parturiente pode perder a vida em caso de complicações potencialmente fatais, como hemorragias, obstrução do trabalho de parto ou septicemia, que não podem ser tratadas pelas parteiras tradicionais (Senah, 2003).

2.3 Necessidade sentida

De acordo com o Dr. Peter Ngatia, Diretor para o desenvolvimento de capacidades na Fundação Africana de Medicina e Investigação (Amref), as parteiras tradicionais desempenham um papel importante nas comunidades que estão longe de instalações de saúde funcionais. "Reconhecemos que elas lidam com sucesso com partos normais todos os dias, mas é com os partos e gravidezes complicados que elas enfrentam desafios", observou. O Dr. Ngatia defende que as parteiras tradicionais também devem receber formação sobre cuidados pós-natais, incluindo a amamentação e o desmame dos bebés (Murigi, 2010). No seu estudo realizado na província de Java Ocidental, na Indonésia, Titaley et al. constataram que alguns participantes pensavam que os serviços de um profissional de saúde só eram necessários para as mulheres com complicações obstétricas. Os participantes argumentaram que os serviços da parteira seriam procurados apenas se a condição não pudesse ser tratada pela TBA. No entanto, no distrito de Kiboga, no centro do Uganda, foi noticiado que uma parteira tradicional utilizou uma faca para efetuar uma episiotomia e uma cesariana numa mulher grávida de 40 anos, depois de o Ministro da Saúde do Uganda ter proibido a formação de parteiras tradicionais - relata Murigi (2010). Por isso, Amref sugere que as parteiras tradicionais devem receber formação contínua para que saibam a importância dos cuidados pré-natais e sejam capazes de detetar potenciais sinais de perigo e encaminhar as pacientes para um centro de saúde. Amref defende que também é importante que as parteiras tradicionais recebam formação e estejam equipadas para realizar partos limpos para evitar infecções no nascimento e, se o parto se tornar complicado, saibam a importância de levar a mãe a um centro de saúde o mais rapidamente possível. Um estudo efectuado por Staffan Bergstrom, professor de saúde internacional, e Elizabeth Goodburn, conselheira de saúde reprodutiva, comentou que: "O papel das parteiras tradicionais não deve ser ignorado, mas a formação das parteiras tradicionais deve ter pouca prioridade e deve ser dada precedência a outras opções de programas que se baseiam em provas de eficácia mais fortes, incluindo a prestação de cuidados obstétricos essenciais e a presença de um assistente qualificado no parto" (The Blog, 2011).

2.4 Acesso aos serviços

"Para muitas mulheres, a tradição e os costumes locais impedem-nas de ir ao hospital. Para outras, é a proximidade das instalações médicas - simplesmente não há maneira de chegarem a um hospital a tempo de dar à luz" (The Blog, 2011). No entanto, não é apenas a disponibilidade de instalações de saúde para partos que é importante, mas também a qualidade dos cuidados prestados. A ênfase está a ser colocada na qualidade dos cuidados e não apenas na disponibilidade dos serviços. A falta de cuidados de qualidade nas unidades de saúde limita o acesso das mulheres a cuidados de qualidade. As mulheres podem dar à luz em instalações de saúde, mas ainda assim ter maus resultados perinatais e neonatais devido à qualidade deficiente dos cuidados. Um estudo realizado nas zonas rurais da Tanzânia demonstrou que, mesmo nas unidades de saúde de nível superior, onde era suposto estarem disponíveis profissionais de saúde bem formados, as mulheres sofriam atrasos na prestação de cuidados obstétricos de emergência e recebiam cuidados de má qualidade. Consequentemente, as mulheres sofreram lesões graves no parto e nados-mortos.

Em agosto de 2013, a Equipa Distrital de Defesa da Saúde (DHAT) relatou que a BAB tem apenas quatro (4) médicos, seis (6) Assistentes Médicos (AMs) e trinta (30) parteiras (relatório anual da DHMT de 2012 citado no Plano Distrital de Defesa e Ação da Saúde (DHAAP), 2013). O relatório expôs que, excluindo o pessoal do hospital distrital e dos hospitais privados, apenas 3 MAs e 8 parteiras trabalham no distrito de 129.000 habitantes projectados. Pode, portanto, deduzir-se que 22, representando 73% das parteiras em todo o distrito, estão lotadas no hospital distrital do governo, atendendo a cerca de 10.213, representando 69% dos nados-vivos que ocorrem nas unidades de saúde do governo no distrito. As restantes 8 parteiras, o que representa 26%, são partilhadas entre as restantes 7 instalações governamentais, nomeadamente: Bekwai, Anhwiaso, e centros de saúde de

Chirano, Humjibre, Wenchi, Bassengele e clínicas 'A' de Asawinso. Estas clínicas atendem cerca de 4.531 partos, o que representa 31% dos partos que ocorrem nas instalações do governo no distrito. Enquanto cerca de 85% de todos os nados-vivos qualificados no distrito ocorrem em instalações do governo, os restantes 15% ocorrem em organizações de saúde privadas. Isto significa que o número de parteiras nas instalações de saúde do governo por cada mil nados vivos será de 2. O Fundo das Nações Unidas para a População (UNPF) publicou um relatório sobre o estado da obstetrícia no mundo em 2011. Nele se afirmava que, no Gana, o número de parteiras por cada mil nados-vivos era de 5 e que o risco de morte ao longo da vida para as mulheres grávidas era de 1 em 66 (UNPF citado na Wikipédia, 2014). Na altura do estudo, o centro de saúde de Chirano tinha apenas uma parteira, que era a chefe da unidade materna e a médica que tratava de todos os casos de pacientes externos, e que também desempenhava o papel de responsável pela unidade de saúde em exercício, servindo uma população projectada de 12 296 pessoas.

O relatório da DHAT continuou a lamentar o facto de a maioria das mulheres grávidas no distrito procurar serviços maternos junto de curandeiros tradicionais, igrejas espirituais e parteiras tradicionais sem formação. Os relatórios da OMS e de outros peritos no domínio da saúde materna sublinham sistematicamente a falta de acesso a instalações de cuidados de saúde locais e com recursos adequados como uma razão importante para a taxa relativamente lenta de progresso no sentido de alcançar o ODM 5 (OMS, 2007). Estudos realizados no passado mostraram que a assistência qualificada ao parto, os cuidados obstétricos de emergência atempados, a prestação de cuidados imediatos ao recém-nascido e os cuidados pós-natais são essenciais para promover a saúde neonatal (Lawn et al. 2009 citado por Kumabi et al. 2013). Por conseguinte, uma mudança no lugar do parto domiciliário para as unidades de saúde será evidentemente também uma estratégia importante para melhorar os resultados neonatais.

Nas zonas rurais, havia melhor acesso às parteiras tradicionais do que às parteiras da aldeia. Algumas aldeias rurais têm mais de dez TBAs em comparação com apenas uma parteira da aldeia (Titaley et al. 2010).

2.5 Percepções dos membros da comunidade sobre os conhecimentos e competências dos prestadores de cuidados

Para alguns membros da comunidade, as parteiras das aldeias eram também consideradas demasiado jovens e inexperientes, ao passo que as parteiras tradicionais eram mais maduras, pacientes e atenciosas do que as parteiras.

CAPÍTULO 3

3.0 METODOLOGIA

3.1   Métodos de amostragem e locais de estudo

O estudo foi realizado de fevereiro a maio de 2014 no distrito de BAB, que é um dos 22 distritos da região Oeste. Usando métodos de amostragem intencionais, foram selecionados dois sub-distritos que foram identificados com uma elevada taxa de utilização de TBAs, nomeadamente Bekwai e Chirano. A seleção das aldeias foi realizada após consultas entre o investigador, o DCO do subdistrito e o Voluntário de Vigilância de Base Comunitária (CBSV) de cada comunidade. Com base no acordo entre eles, foram selecionadas sete (7) aldeias de ambos os subdistritos. As aldeias eram Chirano, Akaaso, Surano 'A', Anyinasie e Kwawkrom no sub-distrito de Chirano, e Kojina 'B' e Humjibre no sub-distrito de Bekwai.

3.1.1   População do estudo

Neste estudo, foram envolvidos diferentes grupos de participantes para se obter uma imagem global dos serviços de cuidados de parto nas áreas de estudo, na perspetiva dos utilizadores (ou seja, mães e seus maridos, que se presumiu estarem envolvidos no processo de tomada de decisões sobre os serviços), dos prestadores de cuidados (ou seja, profissionais de saúde, incluindo parteiras e pessoal dos centros de saúde como agentes comunitários de saúde locais), dos líderes comunitários (ou seja, líderes políticos e religiosos), das autoridades de saúde (ou seja, pessoal dos gabinetes da Administração Distrital de Saúde (DHA)) e das organizações não governamentais (ONG) preocupadas com a saúde materna. As perspectivas das parteiras tradicionais também foram consideradas importantes, uma vez que, segundo consta, desempenham um papel proeminente na prestação de serviços materno-infantis no Gana (OMS, 2004). A Figura 2 apresenta um quadro de amostragem pormenorizado. Foi recrutado um total de 195 participantes para o estudo. Estes consistiam em 65 mães e 10 pais com mais do que um parto (que tinham recorrido a um TBA ou a um domicílio para todos os seus partos), 39 mães e 8 pais com mais do que um parto (que tinham, a dada altura, recorrido tanto a partos qualificados como a TBA ou a partos domiciliários), 17 primigestas (que recorreram a TBA ou a partos domiciliários), 34 multigravidas (que tinham recorrido a partos qualificados para todos os seus partos), 3 TBAs e 9 líderes políticos e religiosos locais. Três parteiras (pessoal dos sub-distritos), 1 Oficial de Saúde Comunitária (CHO) (pessoal do sub-distrito), 1 parteira (pessoal do hospital do governo distrital), 3 funcionários do DHA, 1 pessoal da Iniciativa de Saúde e Educação do Gana (GHEI) e 1 pessoal da Iniciativa de Saúde de Sefwi (SHI).

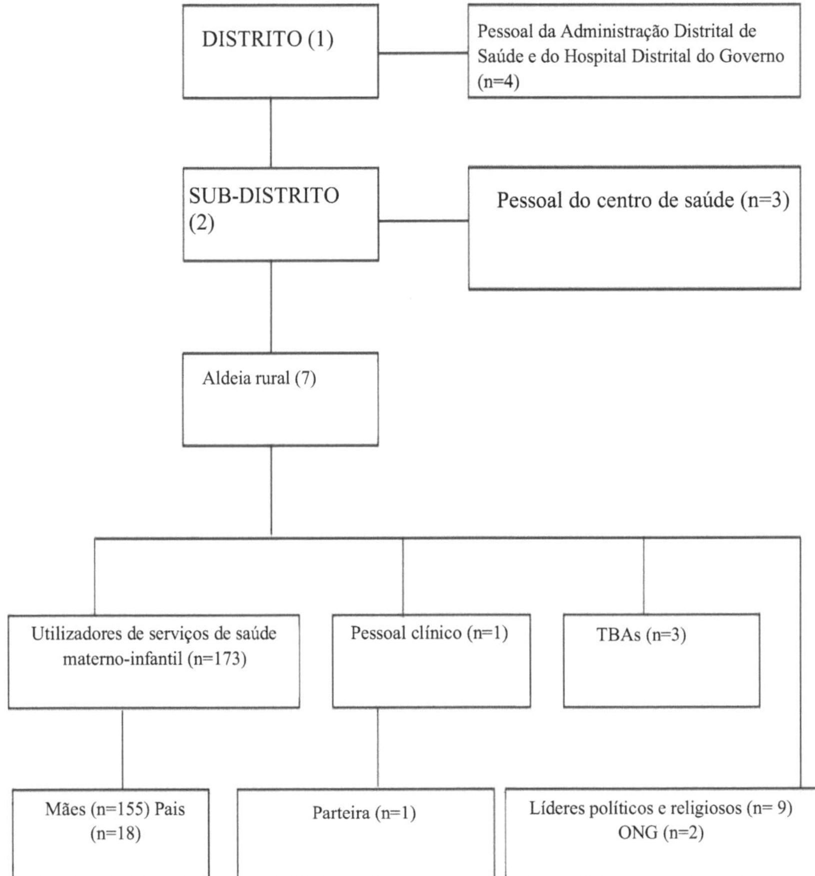

Figura 2: Quadro de amostragem para um estudo qualitativo no distrito de BAB.

3.1.2 Conceção do estudo e recolha de dados

O estudo foi um estudo qualitativo descritivo que utilizou dois métodos de recolha de dados: discussões em grupo de foco (FGDs) e entrevistas aprofundadas. As discussões de grupo de foco foram utilizadas para explorar informações sobre o contexto social e questões que poderiam ser necessárias para investigar mais profundamente através de entrevistas aprofundadas. A interação entre os participantes e a audição de outras pessoas num FGD proporcionará uma oportunidade valiosa para mostrar e discutir as diferenças entre os participantes (Ritchie e Lewis). As entrevistas aprofundadas foram centradas individualmente para investigar as perspectivas pessoais. O investigador e um assistente de campo (que é um CBSV) foram recrutados e formados para recolher informações nas áreas de estudo.

Foi realizado um total de 20 discussões dos grupos de centragem e 45 entrevistas aprofundadas nas 7 aldeias. Foram efectuadas dez entrevistas separadas ao pessoal do Serviço de Saúde do Gana, do GHEI e do SHI. Foi obtido o consentimento informado de todos os inquiridos, incluindo o consentimento para a utilização de dispositivos de gravação. Todos os participantes que foram contactados concordaram e deram o seu consentimento para participar no estudo. As discussões dos grupos de centragem e as entrevistas aprofundadas foram conduzidas com base num método previamente descrito num estudo sobre mortalidade materna realizado por Titaley et al., como se mostra no Quadro 2. As entrevistas e as discussões dos grupos de centragem foram realizadas em língua Sefwi ou Twi, consoante a etnia dos participantes. Em média, cada DGF era composto por nove participantes, para além do investigador e do CBSV. Todas as discussões dos grupos de centragem e entrevistas que não foram gravadas em áudio foram documentadas em folhas de papel. As discussões dos grupos de centragem foram realizadas num edifício de uma igreja próxima ou em casa dos inquiridos. As entrevistas em profundidade foram realizadas num ambiente confidencial, normalmente em casa do entrevistado. Não foi realizada qualquer atividade em instituições relacionadas com os cuidados de saúde, a fim de evitar qualquer hesitação por parte dos inquiridos que poderiam nunca ter tido contacto com serviços ou pessoal de cuidados de saúde. No final de cada atividade, o investigador preencheu um formulário de avaliação para o ajudar a avaliar o processo e o conteúdo das entrevistas e discussões. Esta atividade ajudou o investigador a melhorar ou a fazer ajustamentos na atividade seguinte. Foi pago um pagamento em dinheiro de 2 Cedis do Gana às mães e aos pais, 5 Cedis do Gana aos líderes de opinião e às TBAs, e 10 Cedis do Gana às CBSVs para cobrir as suas despesas correntes. Os participantes foram instruídos no final de cada atividade, a fim de desmistificar todas as ideias erradas que tinham em mente e que foram levantadas durante as entrevistas. No final das entrevistas, todos os participantes tiveram a oportunidade de colocar questões e fazer comentários sobre o tema. As entrevistas duraram, em média, 45 minutos para as discussões dos grupos de centragem e 30 minutos para as entrevistas aprofundadas. O pré-teste das diretrizes de entrevista foi realizado em Subiri, uma pequena comunidade no sub-distrito de Anhwiaso.

Quadro 2: Principais tópicos incluídos nas diretrizes utilizadas nas discussões dos grupos de discussão e nas entrevistas aprofundadas

Categoria de participantes	Tópicos
Mães ou pais:	

a.. Utilizar assistentes de parto treinadas em	- A utilização de serviços de assistentes formados
parto	• Obstáculos à utilização dos serviços de assistentes formados • Historial do parto
b.. Utilização de parteiras tradicionais em	- Utilização dos serviços das parteiras tradicionais
parto	• Obstáculos à utilização dos serviços de assistentes formados • Historial do parto (incluindo os serviços prestados pelas assistentes de parto)
c.. Ter um parto institucional	• Razões para os serviços de distribuição em instalações • Obstáculos no acesso a um estabelecimento de saúde

d.. Ter um parto TBA	• Razões para um parto fora de um estabelecimento de saúde • Obstáculos no acesso a um estabelecimento de saúde
Prestadores de cuidados de saúde	• Conteúdo dos serviços de cuidados de saúde prestados • A implementação de serviços de prestação de cuidados na comunidade • Obstáculos à prestação de serviços de saúde • Programas de saúde materna e infantil disponíveis na comunidade • Resposta da comunidade aos programas de saúde materna e infantil
Parteiras tradicionais	• Tipo de serviços prestados durante a gravidez • Pontos de vista sobre o papel de facilitadores no sistema de distribuição
Líderes comunitários e religiosos	• Perceção sobre os serviços de cuidados maternos e de saúde • Perceção sobre os diferentes prestadores de cuidados • Obstáculos à utilização de diferentes prestadores de cuidados • Programas de saúde materna e infantil na comunidade

Pessoal da administração distrital de saúde	• Programas de saúde materna e infantil • Resposta da comunidade ao programa de saúde materno-infantil • Obstáculos durante a implementação dos programas de saúde materno-infantil
Todos os participantes	• Apoio à família e tomada de decisões sobre os serviços de saúde durante o parto • Práticas e crenças tradicionais durante o parto • Taxa pelos serviços utilizados/prestados

3.1.3 Recrutamento dos participantes

As mães com bebés com menos de cinco anos, que receberam ANC do centro de saúde de Chirano e da clínica de Humjibre, mas que deram à luz dentro ou fora da unidade de saúde, quer com uma parteira, TBA ou em casa, foram selecionadas através de amostragem intencional. Os maridos das mulheres selecionadas que estavam disponíveis na altura das entrevistas foram incluídos no estudo. Todas as mães e pais que foram contactados aceitaram participar no estudo e foram entrevistados em conformidade. A faixa etária abrangia as primíparas mais jovens e as parturientes mais velhas das aldeias. Esta seleção foi feita através da revisão dos registos pós-parto das mães que se dirigiram ao centro de saúde e à clínica após o parto, bem como de anúncios durante as Clínicas de Bem-Estar Infantil (CWC), perguntando às mães se conheciam mais alguém que tivesse dado à luz na comunidade. Os CHOs subdistritais foram contratados para ajudar a rever os registos e o investigador foi às aldeias para localizar as mães com a ajuda dos CBSVs. As CBSVs foram usadas nas aldeias para ajudar a localizar os nomes das mães que deram à luz durante o período do estudo em casa ou com as parteiras tradicionais dos membros da comunidade. Algumas das CBSVs já tinham esta informação nos seus livros. De seguida, foram recrutados os potenciais participantes que cumpriam os critérios definidos. As CBSVs organizaram então os líderes locais, tais como chefes, membros do comité da unidade, chefes de aldeia e líderes da igreja, para providenciarem um local adequado para a realização das entrevistas. O investigador efectuou ele próprio todas as entrevistas.

3.2 Análise de dados

A análise dos dados centrou-se na perceção das participantes sobre os cuidados que receberam durante os períodos pré-parto, intraparto e pós-parto. Foi dada especial atenção ao que gostaram nos cuidados que receberam e aos problemas ou constrangimentos que enfrentaram. Nas comunidades de Humjibre e Kojina 'B', pediu-se às participantes que mencionassem razões específicas pelas quais não preferiam a unidade de saúde mais próxima, ou seja, a clínica de Humjibre, como local para um parto qualificado. Todas as entrevistas gravadas foram depois traduzidas literalmente na íntegra para inglês. Os dados foram depois dactilografados utilizando o Microsoft Word 2010.

3.3   Considerações éticas

Esta proposta de investigação foi aprovada pelo Diretor Distrital dos Serviços de Saúde. A participação no estudo foi estritamente voluntária e foi assegurado aos participantes que o anonimato e a privacidade seriam respeitados em todas as circunstâncias. Foram informados de que podiam desistir da sua participação em qualquer altura.

CAPÍTULO 4

4.0 RESULTADOS E CONCLUSÕES

Os dados revelaram uma série de questões relacionadas com a utilização dos serviços de assistência ao parto nos dois subdistritos. Surgiram cinco temas principais: (1) Razões para recorrer aos serviços das parteiras tradicionais e/ou para fazer o parto em casa; (2) Razões para recorrer a parteiras formadas e ao parto institucional; (3) A prática de parceria entre a parteira e as parteiras tradicionais; (4) Percepções da comunidade sobre a parteira e a parteira tradicional; e (5) Razões para não recorrer à clínica de Humjibre para fazer um parto qualificado.

4.1 Razões para recorrer ao serviço de parteiras tradicionais

Dos 173 participantes (incluindo 155 mães e 18 pais) entrevistados no estudo, 92, o que representa 53%, recorreram apenas a parteiras tradicionais durante o parto (dos quais 75 (82%) eram multigestas e 17 (18%) eram primigestas). Outras 47 (27%) participantes que eram multigravidas recorreram tanto a parteiras especializadas como a parteiras tradicionais, enquanto as restantes 34 (20%) participantes recorreram a parteiras especializadas durante o parto. As razões que levaram as participantes a recorrer aos serviços das parteiras tradicionais ou ao parto domiciliário podem ser classificadas em cinco categorias principais: (1) económica e pragmática, (2) confiança e tradição, (3) necessidade sentida, (4) acesso aos serviços e (5) perceção dos membros da comunidade sobre os conhecimentos e competências dos prestadores de cuidados.

4.1.1 Razões económicas e pragmáticas

O custo foi uma das principais razões apresentadas pelos participantes em todas as aldeias para recorrerem aos serviços dos TBAs. Aquelas que desejavam um parto domiciliário também mencionaram o custo como a sua principal razão, uma vez que consideravam que o custo do parto na TBA era incomportável. Foi admitido que o custo do parto para uma parteira formada no centro de saúde ou clínica é gratuito. No entanto, a compra de alguns artigos de pré-requisito necessários para o parto por uma parteira treinada na unidade sanitária envolveu um custo médio de GHc 2030, nomeadamente: 4-6 sabonetes perfumados (normalmente sabonetes da marca Geisha), 1 antissético (normalmente da marca Dettol), 1 lixívia (da marca Parazone), 2 mackintoshes e 1 caixa de ovos 'grandes'. Deve ser elucidado, neste momento, que houve inconsistências entre os itens solicitados pelas unidades sanitárias no distrito. Por exemplo, a clínica de Humjibre exigiu uma caixa de ovos como parte dos artigos, enquanto o centro de saúde de Chirano, por outro lado, não o fez. As mães questionaram por que razão as parteiras tinham alguns destes artigos escondidos nos seus cubículos nos centros de saúde ou clínicas; até então, incluíam-nos na lista de partos.

"O meu marido esqueceu-se de ir buscar a parazona que tinha comprado quando me levou para a clínica para dar à luz... e já era tarde da noite. Quando ele disse à parteira que o traria mais tarde, a parteira exigiu dinheiro e foi buscar algum ao seu pequeno quarto. Entretanto, ela não usou a parazona que o meu marido lhe comprou, mas também não a devolveu" (**Entrevista aprofundada com uma mãe, Kwawkrom**).

"Assim que a mandam dar à luz na clínica, a primeira pergunta que a parteira faz antes de sair do quarto é se trouxe todos os artigos que escrevemos para si. Por isso, prefiro fazer o parto em casa, onde não me pedem essas coisas" (**Entrevista aprofundada com uma mãe, Kojina 'B'**)

"Irmão, toda a gente neste mundo gosta de coisas boas, mas nós não temos dinheiro. Aquelas cujos maridos recebem salários chorudos da empresa mineira talvez pudessem pagar o custo do parto a uma parteira treinada. A parteira quer até seis (6) sabonetes de gueixa. Entretanto, as mulheres dos camponeses, como nós, não tomam banho com sabonetes de gueixa, por isso preferimos a parteira tradicional que não pede sabonetes caros" (**DGF com mães que recorreram a parteiras tradicionais para todos os partos, Akaaso**).

No entanto, descobriu-se que algumas das parteiras formadas aceitavam pagamentos em dinheiro em vez dos artigos esperados das mulheres que iam para a sala de partos sem o conjunto completo de artigos listados para elas.

"Fui obrigada a pagar G//c 50,00 no centro de saúde de Anhwiaso quando fui levada para lá de improviso" (**Entrevista aprofundada com uma mãe que recorreu ao parto especializado, Akaaso**).

Embora as mães tivessem cartões do NHIS que lhes permitiam aceder a serviços de saúde materna gratuitos, os serviços das parteiras tradicionais continuavam a ser preferidos.

"Vocês disseram-nos que devíamos voltar ao hospital depois do parto. Quando voltei com o meu cartão renovado do NHIS depois do parto, exceto o paracetamol que a parteira me deu, todos os outros medicamentos não estavam cobertos pelo meu cartão de seguro. A enfermeira disse-me para ir comprá-los na farmácia e eu não tinha dinheiro para os comprar, por isso fui à TBA para comprar ervas locais" (***Entrevista aprofundada com uma mãe, Surano A).***

Descobriu-se que o custo do parto com um TBA tem condições de pagamento flexíveis. Por exemplo, no sub-distrito de Chirano, foi efectuado um pagamento voluntário de GHc 5-10 às parteiras tradicionais, enquanto que GHc 20 foi pago em Humjibre e Kojina B. Os artigos necessários para o parto com uma parteira tradicional eram, nomeadamente, 1 barra de sabão de chaves, 6 ovos locais, 2 sabões de gueixa e um litro de óleo de palma. Os pagamentos aos TBAs eram efectuados após o parto bem sucedido.

"Nesta aldeia, alguns meses mais tarde, após o parto pela parteira tradicional, damos-lhe 6 ovos locais, 2 sabonetes e 1 litro de óleo de palma para lhe agradecer... e G//c 5 se quiser" (**DGF com mães que recorreram a parteiras tradicionais para todos os partos, Anyinasie**).

4.1.2 Sócio-cultural - Confiança

O estudo estabeleceu que o facto de poderem fornecer tratamento à base de plantas a casais com problemas de fertilidade fez com que as parteiras tradicionais ganhassem mais confiança. Algumas das parteiras tradicionais desenvolveram um sentimento de confiança na comunidade através do fornecimento de medicamentos à base de plantas que prestavam aos seus clientes.

"Este bebé que vê no meu peito foi uma bênção de Deus através das ervas que a minha mulher tomou da TBA. E eu não queria que a TBA se sentisse menos importante, por isso tínhamos de ir ter com ela quando a minha mulher entrava em trabalho de parto" (**Entrevista aprofundada com um pai, Chirano**).

Para algumas mães, a confidencialidade dos seus problemas maternos era fundamental. Não gostavam que as encontrassem em locais públicos e que lhes perguntassem questões relacionadas com a sua saúde materna.

"A tia Aggie é uma boca de quiabo... mesmo quando a barriga não mostra que estás grávida, ela faz-te perguntas sobre a gravidez quando te vê em público" (**Entrevista aprofundada a uma primigesta, Chirano**).

4.1.3 Sócio-cultural - Tradição

Outro fator que influenciou o recurso às parteiras tradicionais foi o facto de outros membros da família, como os sogros, as irmãs mais velhas, os pais ou os maridos, lhes terem dito para recorrerem aos seus serviços.

"É claro que uma mulher tradicional da comunidade, que já deu à luz quase todos os bebés desta zona, incluindo eu própria, e que desenvolveu as suas competências em matéria de partos durante um período de tempo tão longo, é a nossa escolha preferida" (**entrevista aprofundada a um líder de opinião, Anyinasie**).

"Penso que algumas mulheres o fazem porque é tradicional... os seus pais e avós usaram as parteiras tradicionais e tiveram partos bem sucedidos" (**Entrevista aprofundada com um membro do SHI**).

4.1.4 Necessidades sentidas

Para muitos dos participantes, os serviços de um profissional de saúde (uma parteira formada) são necessários apenas para aqueles que estão a ter complicações obstétricas. Alguns membros da comunidade afirmaram que os serviços de uma parteira só seriam procurados se a parteira tradicional os encaminhasse.

"Nesta aldeia, a TBA conhece os casos que não pode tratar. Ela encaminha-nos rapidamente para o hospital quando vê que estamos a sangrar demasiado" (**Entrevista aprofundada com uma mãe, Akaaso**)

"Elas pensam que os partos assistidos por parteiras são apenas para aquelas que têm complicações no parto... Se as parteiras tradicionais não conseguirem fazer os partos, então pedem às mães para irem ao centro de saúde." (**Entrevista aprofundada com uma parteira, Bekwai**)

"Nesta aldeia, quando a parteira escreve no seu cartão de ANC 'PERIGO', isso significa que terá de ir dar à luz ao hospital, senão pode morrer" (**DGF com mães, Humjibre**)

4.1.5 Acesso aos serviços

As três razões relacionadas com as questões de acessibilidade aos serviços de saúde foram (1) a distância física, (2) as restrições de tempo e (3) a disponibilidade de um prestador de cuidados de saúde. Nas zonas rurais, havia melhor acesso às parteiras tradicionais do que à parteira do centro de saúde ou da clínica. Todas as aldeias tinham numerosas parteiras tradicionais, mães e sogras que efectuavam clandestinamente partos domiciliários, em comparação com apenas uma parteira no centro de saúde ou na clínica.

4.1.5.1 Distância física e limitações de tempo

Para algumas das comunidades, apesar de o centro de saúde não estar muito longe delas, a falta de meios para chegar ao centro de saúde foi mencionada como a razão para recorrerem às TBAs.

"Não é que tenhamos problemas com a parteira... mas o parto normalmente começa à noite e conseguir transporte para Chirano à noite é problemático. Imaginem o tempo que demora a ir acordar o motorista de Surano ou de Akoti e negociar o preço do bilhete. É melhor chamarmos a parteira tradicional que vive connosco nesta aldeia" (**DGF com mães que recorreram a parteiras tradicionais em todos os seus partos, Anyinasie**)

"O meu marido comprou todos os artigos que a parteira pediu e eu estava pronta para dar à luz no centro de saúde. Mas quando ele foi à procura de um motorista durante o parto, uma tarde, demorou várias horas a regressar. Quando ele voltou, a minha mãe já tinha feito o parto. Por isso, não foi preciso ir ao hospital" (**Entrevista aprofundada com uma mãe, Surano 'A'**)

"Os condutores costumam dizer que o carro está cheio quando os mandamos parar e nos vêem com a nossa mulher grávida" (**Entrevista aprofundada com um pai, Kojina 'B'**)

Houve vários casos em que os participantes mencionaram a ausência da parteira como motivo para fazer o parto em casa.

"Quando levei a minha mulher à clínica de Chirano, a tia Aggie disse-me que a parteira tinha ido a Bibiani para um workshop. E ela disse-me que já não estava autorizada a fazer partos. Por isso, disse-nos para irmos a Bibiani. Felizmente para nós, o motorista estava à espera, por isso tive de ir até ao hospital de Bibiani" (**DGF com pais, Surano 'A'**).

"Quando lá fomos, a enfermeira disse que a parteira estava de licença. Então o meu marido aconselhou-nos a voltar para casa" (**DGF com uma mulher, Chirano**).

"Por vezes, a parteira está no seu quarto, mas quando vamos lá com as nossas mulheres, ela diz às enfermeiras para virem dizer-nos que ela não está.

4.1.6   Percepções dos membros da comunidade sobre os conhecimentos e competências dos prestadores de cuidados

Apesar de os participantes reconhecerem que o ambiente dos centros de saúde ou clínicas estava bem organizado em comparação com o das parteiras tradicionais, alguns criticaram a atitude das parteiras. Explicaram que as más notícias que algumas mães trazem de casa depois de terem utilizado as unidades de saúde para o parto as assustam e que essas notícias não as encorajam a experimentar o parto nas unidades de saúde. Uma vez que a maioria dos partos qualificados registados na clínica de Humjibre durante o PNC foram feitos fora da clínica de Humjibre, que é a clínica mais próxima, pediu-se às participantes de Humjibre e Kojina B que dissessem por que razão não preferiam usar a clínica de Humjibre. A maioria das participantes referiu que o "comportamento rude" da parteira as dissuadiu de utilizar a clínica durante o parto. Poucas referiram que não foram à clínica durante o trabalho de parto porque a parteira as tinha avisado para não irem à clínica durante o trabalho de parto por serem primigestas ou grandes multigestas. Algumas sentiram-se desiludidas com os serviços que receberam da parteira e de algumas das enfermeiras da clínica. Em alguns casos, foi mencionada a ameaça de serem encaminhadas para o hospital para serem operadas.

"Por causa das coisas boas que as pessoas que trabalham no centro comunitário nos disseram sobre o parto na clínica, a minha mulher e eu decidimos tentar na clínica... quando lá fomos, a parteira gritava constantemente connosco e ameaçava encaminhar a minha mulher para Bibiani para ser operada se a minha mulher continuasse a chorar" (**Entrevista aprofundada com um pai e uma mãe, Humjibre**).

"Quanto a mim, enquanto aquela mulher ficar na clínica, nunca mais lá ponho os pés. Irmão, acreditas que ela me fez mesmo dar à luz na relva? quando lá fui dar à luz, a parteira demorou vários

minutos a sair do quarto dela. Quando ela chegou, eu já tinha dado à luz no complexo da clínica" **(Entrevista aprofundada com uma mãe, Humjibre)**

"Quando nos mandam para a clínica, a parteira não chega a horas e quando chega só nos diz que chegámos tarde e nos encaminha para Bibiani. Por isso, porque é que hei-de perder o meu tempo a parar lá, sabendo que ela me vai mandar para Bibiani.

"Por isso, se estão a gastar mais dinheiro em transporte para fazer o parto fora da clínica de Humjibre, isso diz-nos que há algo de errado a acontecer na clínica. E penso que será a atitude dos trabalhadores que lá trabalham. As pessoas, como qualquer pessoa sensata, preferem pagar mais para receber bons serviços" **(entrevista aprofundada com o pessoal do DHA).**

"As outras unidades de saúde aqui à volta não pedem ovos antes de atenderem a sua mulher. Mas aquela mulher transformou a sala de partos num santuário onde é preciso ir com ovos... no entanto, as autoridades de Bibiani comportam-se como se não soubessem o que ela está a fazer ao povo de Humjibre" **(Entrevista aprofundada com líderes de opinião, Humjibre)**

"A razão pela qual não volto a usar o centro de saúde é que as parteiras não vêm atender-nos quando as chamamos. E a cama é demasiado comprida para subir quando se desce para ir buscar alguma coisa à mala" **(DGF com mães que tinham recorrido ao centro de saúde para o seu primeiro parto, Akaaso).**

"Na segunda gravidez, quando fui ao hospital público de Bibiani, a senhora que encontrei foi dura. Eu estava com a minha mãe quando fomos para a enfermaria. Ela simplesmente ficou ao pé da minha cama e disse que ainda não era altura, espera. Eu disse-lhe que já tinha começado há algum tempo, mas como ela disse que ainda não estava na hora, foi-se embora e voltou a ver televisão. Tive o parto sozinha, uma vez que já o tinha feito antes. Só perseverei até o bebé nascer" **(Entrevista aprofundada com uma mulher, Kwawkrom)**

Algumas primigestas que frequentaram os CPN no centro de saúde e na clínica também disseram que as parteiras tinham anunciado durante as sessões de CPN que a unidade não admitia adolescentes grávidas, pelo que todas as primigestas adolescentes deviam dirigir-se ao hospital público de Bibiani quando entrassem em trabalho de parto.

"A parteira avisou-me para não vir para o centro de saúde quando entrasse em trabalho de parto. Ela disse que me ia encaminhar para Bibiani se eu fosse para lá. E eu não tinha dinheiro para o transporte até Bibiani, por isso a minha mãe foi chamar esta senhora idosa que vê aqui sentada para a ajudar a fazer o parto" **(Entrevista aprofundada com uma primípara, Chirano)**

"As primigestas e as grandes multigestas são dois grupos que anteriormente eram classificados como

de alto risco. Por conseguinte, existe a possibilidade de terem de ir à sala de operações se surgirem complicações, e os centros de saúde não têm salas de operações, pelo que não estão autorizados a atender estes dois grupos" **(Entrevista aprofundada com o pessoal do DHA)**

"A maior parte das parteiras são idosas, por isso, com pouca hipótese, querem empurrar o caso para o hospital distrital. Se realmente não atendem as grandes multigestas, então que trabalho estão a fazer nos sub-distritos?" **(Entrevista aprofundada com o pessoal do DHA)**

Algumas das participantes não ficaram satisfeitas com a receção que receberam durante o ANC e, como tal, presumiram que os serviços de parto seriam piores, pelo que optaram pelo parto domiciliário.

"Quando fui ao CPN em Chirano e disse que tinha tido uma hemorragia na noite anterior, a parteira júnior duvidou de mim e isso fez-me sentir uma mentirosa... por isso fui ao hospital Divine Love para dar à luz" **(Entrevista aprofundada com uma mãe, Akaaso).**

Algumas das parteiras tratam as parturientes como crianças da escola. Da última vez que lá fui com a minha mulher para dar à luz, a mulher tinha uma régua na mão que, segundo a minha mulher, foi usada para lhe bater várias vezes nos pés. Senti-me muito envergonhado por ter levado a minha mulher lá para ser tratada como uma menina da escola" **(Entrevista aprofundada com um pai, Akaaso)**

"Algumas mulheres são de opinião que, quando vão aos centros médicos ortodoxos, não são corretamente tratadas pelas parteiras. Algumas queixam-se de terem sido chicoteadas durante o parto" **(Entrevista aprofundada com um membro do SHI)**

4.1.6.1   Conveniência

As mães que recorreram à TBA para todos os seus partos classificaram a posição supina adoptada pelas parteiras nas instituições de saúde para o parto como inadequada. Algumas queixam-se de que o parto é mais doloroso.

"A parteira pede-lhe que se deite de costas com as duas pernas levantadas. Esta posição torna o trabalho de parto mais pesado. Nós preferimos a posição de cócoras adoptada pela parteira. Quando se está de cócoras, uma outra pessoa dobra os braços à sua volta, enquanto você se senta confortavelmente num balde de borracha com a parteira à espera para apanhar o bebé por baixo. O parto é fácil e rápido na posição de cócoras" **(DGF com mães, Akaaso)**

*"O centro de saúde só tem um estilo. Quando as parteiras nos obrigarem a escolher a nossa própria posição, tal como o TBA nos permite, pensaremos em visitar o hospital. (***Entrevista aprofundada com uma mãe, Chirano***)**

"Há quase dois anos, visitámos a comunidade de Humjibre e tivemos a oportunidade de nos encontrar com alguns líderes de opinião que nos disseram, numa interação, que preferiam um determinado método de parto, em vez da forma tradicional de vir e deitar-se com os pés virados para cima, que normalmente fazemos... o povo de Humjibre preferia agachar-se e fazer o parto" **(Entrevista aprofundada com o pessoal do DHA)**

Alguns participantes argumentaram por que razão as parteiras não permitem que os seus familiares entrem na sala de partos.

"A cama do hospital é demasiado alta. Por vezes é preciso ir buscar o penso à mala e quando se chama as parteiras elas não se importam. Estarão sentadas na receção a ver televisão. Pelo menos, se deixassem as nossas mães entrar connosco, poderiam prestar esses serviços" **(Entrevista aprofundada a uma mãe, Kojina B)**

4.1.6.2   Medo da cirurgia

A possibilidade de ser operada pelo médico foi mencionada como razão para fazer o parto em casa. A maioria das mulheres não queria ser rotulada nas suas comunidades como alguém que foi operada, uma vez que as suas comunidades consideravam essas mulheres pouco saudáveis.

"Ultimamente, os médicos de Bibiani não querem fazer nenhum trabalho duro. Se não tiveres sorte e eles encaminharem a tua mulher para o hospital público de Bibiani, então fica a saber que serás enviado para lá para seres operado" **(DGF com pais, Anyinasie).**

"De vez em quando, dizemos a algumas mães teimosas que, se não fizerem força, as encaminhamos para o Komfo Anokye Teaching Hospital (KATH) para serem operadas. Mas não estamos a falar a sério. Só as encaminhamos quando achamos que o seu estado é superior ao nosso" **(entrevista aprofundada a uma parteira do hospital público de Bibiani).**

De acordo com algumas mães, as parteiras tradicionais têm uma forma tradicional de expulsar a placenta sem cirurgia. A prática de cortar o canal de parto para expulsar a placenta atrasada parece ser uma das razões dominantes entre as mulheres que preferem as parteiras tradicionais.

"Quando a placenta atrasa, a parteira tradicional manda alguém ir cortar folhas de bananeira. E quando a mulher é colocada em cima das folhas de bananeira, a placenta sai imediatamente" **(DGF com mães, Akaaso).**

"Quanto à minha avó, ela usa uma técnica diferente que funciona perfeitamente comigo. Ela vai rapidamente para o arbusto e apanha algumas folhas... e chama o meu nome três vezes. Na terceira resposta, a placenta começa a ser expelida progressivamente" **(Entrevista aprofundada com uma mãe, Surano)**

4.2   Razões para recorrer a parteiras formadas e ao parto institucional

As três principais razões apontadas pelos participantes que recorreram aos serviços das parteiras no centro de saúde ou na clínica foram: (1) quando a parteira avisa que há possibilidade de complicações no parto, (2) competência das parteiras e (3) melhor equipamento e ambiente limpo.

"Levei a minha mulher ao hospital público de Bibiani quando deu à luz, porque quando ela regressou dos CPN informou-me que a parteira tinha alertado para possíveis complicações se demorássemos em casa durante o parto" (**DGF com pais, Anyinasie**)

"Às vezes pergunto-me porque é que algumas mulheres vão a uma TBA para dar à luz. As salas de parto não são limpas e não têm melhor equipamento" (**Entrevista aprofundada com uma mãe que recorreu a uma TBA na sua primeira gravidez, Surano 'A'**).

4.3   Percepções da comunidade sobre a prática de parceria entre parteiras e parteiras tradicionais

As opiniões dos participantes foram procuradas sobre a diretiva da OMS que procurava sugerir que as parteiras tradicionais deviam ser impedidas de fazer partos e, em vez disso, facilitar a realização de partos no centro de saúde ou na clínica (Sheela, 2011).

Deve-se mencionar que a maioria das mulheres cujos nomes foram apresentados pelas CBSVs como TBAs alegaram que já não estavam afiliadas à prática. Algumas delas também não estavam presentes quando o investigador e as CBSVs se deslocaram às suas casas e, devido à limitação de recursos, não houve visitas de acompanhamento. No entanto, as três parteiras tradicionais que se ofereceram para participar no estudo afirmaram estar dispostas a desempenhar o papel de elo de ligação entre as instituições de saúde e as mulheres grávidas.

"Se for essa a diretiva, estou pronto a cumpri-la. Mas o pessoal de saúde deve envolver-nos nos seus programas. No passado, costumavam convidar-nos para workshops em Bibiani. Já não temos notícias deles" (**Entrevista aprofundada com TBA, Akaaso**)

Alguns líderes de opinião têm opiniões contrárias.

"Acho que acabar com as parteiras tradicionais vai piorar a situação, imaginem o que aconteceria se duas mulheres fossem à clínica ao mesmo tempo para dar à luz... a parteira sozinha não consegue dar conta das duas mulheres ao mesmo tempo" (**DGF com pais, Humjibre**).

"Não estou a par dessa diretiva, mas seja qual for o caso, não podemos passar sem as parteiras tradicionais. O Ministério da Saúde nunca excluiu o tipo de esforços que estão a ser feitos pelas parteiras tradicionais para apoiar o sistema. Por isso, penso que se os excluirmos completamente, estaremos, de certa forma, a tentar promover mais mortes maternas (**entrevista aprofundada com o pessoal do DHA**).

DEBATES E CONCLUSÕES

Discussão sobre questões que afectam a utilização dos serviços de entrega.

Razões económicas e pragmáticas

No que respeita às caraterísticas demográficas dos 139 participantes (18 pais e 121 mães) que recorreram a uma TBA ou a um parto domiciliário para dar à luz, mais de 94% são agricultores de subsistência com um nível de escolaridade não superior ao ensino secundário. Na sua publicação sobre um olhar mais atento a Humjibre, a GHEI referiu que a maioria dos adultos em Humjibre trabalha como agricultores, principalmente de cacau. Esta constatação vem na sequência de um estudo efectuado por Simkhada et. al em 2008, que concluiu que as mulheres de meios relativamente pobres, que vivem em zonas rurais e/ou com baixos níveis de educação têm menos probabilidades de aceder aos serviços de saúde materna. A inacessibilidade do custo de 4-6 sabonetes perfumados, 1 dettol anti-sético, 1 lixívia de parazona, 2 mackintoshes e, em alguns casos, 1 caixa de ovos de tamanho considerável foram mencionados repetidamente entre as participantes para recorrer à TBA. Esta conclusão do estudo está em consonância com um inquérito realizado pela Alliance for Reproductive Health Rights (Aliança para os Direitos da Saúde Reprodutiva), que considerou os custos ocultos ao nível da unidade de saúde como um fator que desencorajava as mulheres grávidas de acederem aos cuidados maternos gratuitos em três regiões de três distritos administrativos do Gana. Os resultados preliminares do programa de cuidados maternos da GHEI, denominado "Programa de Incentivo ao Parto e aos Estabelecimentos de Saúde", mostram que, das 134 mulheres que receberam gratuitamente os artigos que lhes foram solicitados durante o parto, 62% (das 64 participantes) tiveram um parto com um assistente qualificado. É de salientar que o programa da GHEI não recomendou um local de parto para as mulheres. No entanto, uma alternativa melhor para a isenção dos custos envolvidos no parto na unidade de saúde seria fornecer às instituições de saúde os artigos solicitados, em vez de os fornecer às mães, porque foi descoberto neste estudo que algumas mulheres cujos maridos podiam pagar os artigos necessários para o parto institucional ainda preferiam dar à luz em casa. A razão mencionada para esse ato foi o facto de que, quando tinham de fazer o parto em casa, acabavam por se apoderar dos artigos que se destinavam às parteiras. De acordo com Onah et al., os resultados obtidos no sudeste da Nigéria indicam que a pobreza é o principal fator que influencia a tomada de decisões das pessoas sobre os serviços de saúde.

Apesar de a agência reguladora, que é a DHA, não ter sido capaz de fornecer artigos de higiene adequados às maternidades, como fez no passado, tem de rever urgentemente os artigos solicitados às mulheres grávidas durante o parto e torná-los padrão para todas as unidades de saúde do distrito. Isto porque as conclusões revelaram que não havia qualquer regulamentação sobre os artigos que as parteiras pediam às parturientes e, consequentemente, as parteiras tinham a liberdade de pedir tudo o que quisessem.

Factores socioculturais

Ficou muito claro no estudo que não havia nenhuma crença cultural que abominasse o parto assistido. No entanto, a sugestão de um membro da família ou de um amigo motivou algumas mães a recorrer à TBA durante o parto. Esta conclusão corrobora um estudo anterior efectuado por Sychareun et. al em 2012 na República Democrática Popular do Laos, no qual maridos, mães, sogras e avós tiveram uma forte influência na escolha do local de parto das mulheres rurais do Laos quando entraram em trabalho de parto. No seu estudo, verificaram que, mesmo que uma mulher e o seu marido preferissem ter o parto num centro de saúde, a mãe, a sogra ou a tia aconselhavam-nas a ter o parto em casa, de acordo com a sua própria experiência anterior de parto. Este facto sugere que os programas de saúde materno-infantil devem também chamar a atenção para os familiares e amigos das mulheres grávidas, uma vez que estes desempenham constantemente um papel central na decisão do local do parto.

Necessidade sentida

A principal razão que as participantes deram para dar à luz no centro de saúde ou na clínica foi a capacidade da parteira para as ajudar se ocorressem complicações durante o parto. Se o trabalho de parto fosse prolongado, se houvesse hemorragia excessiva ou se a parteira escrevesse no seu cartão "perigo", as mulheres prefeririam recorrer ao parto assistido por pessoal qualificado. Esta conclusão está de acordo com um estudo efectuado por Titaley et. al. na província de Java Ocidental, na Indonésia, que concluiu que alguns participantes pensavam que os serviços de um profissional de saúde só eram necessários para as mulheres que sofriam complicações obstétricas. Argumentaram que os serviços da parteira só seriam solicitados se a situação não pudesse ser tratada pela TBA. Isto indica que é necessário efetuar muita formação para educar as mães sobre a importância do parto qualificado durante as sessões de ANC.

Acesso ao serviço

Para muitas das comunidades, a distância até à clínica não era considerada demasiado longa, no entanto, a falta de disponibilidade de veículos na altura do parto fez com que preferissem consistentemente o parto domiciliário. Esta conclusão está em consonância com a de Sychareun et.

al. em 2012, que demonstrou que, nas zonas rurais, não havia transportes públicos entre as aldeias e os centros de saúde, pelo que as pessoas tinham de recorrer aos seus próprios meios de transporte.

Isto sugere que um diálogo com os líderes políticos e religiosos locais no sentido de contratar um motorista que esteja sempre disponível para transportar a parturiente teria um impacto na participação em partos qualificados. Nalguns casos, a ausência da parteira obrigou algumas mulheres a regressar a casa para recorrer a uma TBA. Este facto confirma o relatório da OMS de 2007, que mencionava a falta de acesso a instalações de cuidados de saúde locais e com recursos adequados como uma razão importante para a taxa relativamente lenta de progresso no sentido de alcançar o ODM 5. Parece haver uma sobrecarga de trabalho para as parteiras que prestam serviço nas comunidades rurais e, por conseguinte, a nomeação de pessoal suplementar para aliviar as parteiras de actividades clínicas adicionais ajudaria a disponibilizá-las para os serviços de cuidados maternos. No estudo, verificou-se que as duas parteiras que trabalhavam no centro de saúde de Chirano e na clínica de Humjibre estavam também a tratar de casos do departamento de ambulatório reportados às suas instalações.

Percepções dos membros da comunidade sobre os conhecimentos e competências dos prestadores de serviços

As observações feitas pelas participantes sobre os conhecimentos e competências das parteiras qualificadas foram as seguintes: a sua posição de trabalho de parto foi considerada inconveniente e a impossibilidade de entrar na sala de partos com os seus familiares foi considerada pouco acolhedora.

A atitude declaradamente inadequada da parteira na clínica de Humjibre foi uma das principais razões pelas quais as mulheres daquela zona preferiram outros locais para o parto. Esta conclusão corrobora um estudo realizado por Onasoga et. al. no estado de Bayelsa, na Nigéria, em que a maioria dos inquiridos classificou a atitude das parteiras como sendo má. Uma formação em serviço sobre relações interpessoais para as parteiras ajudaria a obter partos mais qualificados. O número crescente de operações de cesariana (CS) desmotivou algumas das participantes de aceder a um parto qualificado. Esta conclusão está em consonância com o inquérito de Adageba et al. realizado no KATH, em que 93,3% dos participantes preferiam o parto vaginal e apenas 3,5% preferiam o parto por cesariana planeada. Aziken et al. também descobriram, na Nigéria, que apenas 6,1% das mulheres estavam dispostas a aceitar a cesariana como método de parto. Este estudo revelou que, nalgumas comunidades, as mulheres submetidas a cesariana durante o parto eram rotuladas como mulheres pouco saudáveis.

Sugere, portanto, que é necessário educar as clientes para responder a algumas preocupações sobre a segurança e as indicações para a operação de SC. A utilização da ameaça da cesariana como estratégia para fazer com que as mulheres empurrem deve ser abolida de imediato, uma vez que faz com que a operação de cesariana pareça uma operação de gelar o sangue para aquelas que realmente precisam dela para o seu parto.

Percepções da comunidade sobre a prática da parceria entre a parteira e o TBA A partir do estudo, alguns participantes sugeriram que os TBAs deveriam receber a formação e o apoio necessários para efetuar partos normais. Esta constatação contradiz o estudo efectuado por Staffan Bergstrom, que concluiu que a formação das parteiras tradicionais deveria ter pouca prioridade. Mas os resultados estão de acordo com o ponto de vista da Amref, que defende que é importante que as parteiras tradicionais recebam formação e estejam equipadas para realizar partos limpos, a fim de evitar infecções no nascimento.

Conclusões

Algumas comunidades continuam a preferir a utilização de parteiras tradicionais e o parto ao domicílio, independentemente da disponibilidade de parteiras num centro de saúde ou numa clínica. Os factores mais importantes para o recurso às parteiras tradicionais e/ou ao parto no domicílio são (1) as razões económicas e pragmáticas, uma vez que os custos do parto com uma parteira num centro de saúde ou numa clínica são considerados incomportáveis. Isto é motivado pelo baixo estatuto económico dos membros da comunidade, (2) difícil acesso ao pessoal e às instalações de cuidados de saúde, porque o trabalho de parto ocorre normalmente à noite e é difícil conseguir um veículo para o centro de saúde ou clínica, (3) medo da operação e inconveniência do posicionamento do trabalho de parto no centro de saúde, clínica ou hospital, e (4) atitude dos profissionais de saúde, alguns participantes consideram a atitude dos profissionais de saúde inadequada. No entanto, alguns membros da comunidade consideram que os serviços de parteiras formadas durante o parto ou um parto institucional são importantes apenas em caso de complicações obstétricas. Os líderes de opinião partilham a opinião de que a implementação da recomendação da OMS sobre a interrupção da assistência aos partos por parte das parteiras tradicionais pode levar a mais casos de mortes maternas e neonatais e, como tal, as parteiras tradicionais devem ser formadas para continuarem a fazer os partos que podem tratar.

REFERÊNCIAS

Ação para a Saúde Global. (2014). *ODM5 - Mortalidade materna. Factos rápidos.*

(secção de introdução, parágrafo 3). Retirado de

http://www.actionforglobalhealth.eu/index.php?id =226.

Adageba, R. K., Danso, K. A., Adusu-Donkor, A. e Ankobea-Kokroe, F. (2008).

Awareness and Perceptions of and Attitudes towards Caesarean Delivery among

Antenatal. Retirado de http://www.ncbi.nlm.nih.gov/pmc/articles/PMC2673831/.

Aziken, M., Omo-Aghoja, L. e Okonofua F. (2007). *Percepções e atitudes das mulheres*

grávidas em relação à cesariana na Nigéria urbana. Recuperado de

http://www.ncbi.nlm.nih.gov/pubmed/17230288. Acedido em 5 de maio de 2014.

Basani, D. G., Surkan, P. J. e Olinto, M. T. A. (2009). *Uso inadequado de serviços de*

pré-natal entre mulheres brasileiras: O Papel das Caraterísticas Maternas. Recuperado

de http://www.guttmacher.org/pubs/journals/3501509.html. Acessado em 12 de abril de

2014.

Direção Distrital de Saúde de Bibiani Anhwiaso Bekwai. (2013). Relatório anual. págs.

3, 9 e 16.

Darmstadt, G. L., Bhutta, Z. A., Cousens, S., Adam, T., Walker, N. e De Bernis, L.

(2005). *Lancet Neonatal Survival Steering Team: Evidence-based, Cost-effective*

Interventions: How Many Newborn Babies Can We Save? Recuperado de

http://www.biomedcentral. com/content/pdf/1471-2393-10-43.pdf._Acessado em 8 de
janeiro de 2014.

Iniciativa de Saúde e Educação do Gana. Um olhar mais atento ao Humjibre.
Recuperado de http://ghei.org/our-community/closer-look-humjibre. Acedido em 7 de
março de 2014.

Agência de Notícias do Gana. (2012). *CIA classifica o Gana em 41° lugar na taxa
mundial de mortalidade materna*. Recuperado de
http://www.ghanabusinessnews.com/2012/09/04/cia-ranks-ghana- 41st- on-world-
maternal-mortality-rate/. Acedido em 7 de janeiro de 2014.

GhanaWeb. (2013). *Custos ocultos sufocam a iniciativa de saúde materna gratuita -
Inquérito*. Recuperado de
http://www.ghanaweb.com/GhanaHomePage/health/artikel.php?ID= 273832. Acedido
em 30 de janeiro de 2014.

Governo do Gana. (2014). *Mamaye lança sítio Web para promover a saúde materna no
Gana*. (parágrafos 6 e 9). *Recuperado de http://www.ghana.gov.gh/index.php/2012-02-
08-08-32-47/general-news/1740-mamaye-launches-website-to-promote-maternal-
health- in-ghana.*

Graphic online (2008). *Mais mulheres grávidas registam-se ao abrigo do programa de
cuidados de saúde maternos gratuitos*. Recuperado de
http://www.modernghana.com/newsp/174979/1/pageNum1 /more-pregnant-women-

register-under-free-maternal-h.html. Acedido em 8 de abril de 2014.

Lawn, J. E., Lee A. C., Kinney, M., Sibley L., Carlo W. A., e Paul, V. K. (2009). *Two Million Intrapartum-related Stillbirths and Neonatal Deaths: Where, Why, and What can be Done? Recuperado de http://www.ncbi.nlm.nih.gov/pubmed/1981520. Acedido em 28 de janeiro de 2014.*

MamaYe. (2014). *ODM 4 e 5 prejudicados pela escassez de parteiras formadas - Yieleh Chireh* (parágrafo 16). Recuperado de http://www.mamaye.org/en/blog/mdg-4-5-undermined- shortage-trained-midwives-yieleh-chireh.

Maternidade a nível mundial. (2014). *Salvando vidas no parto. O modelo dos três atrasos.* Obtido em http://www.maternityworldwide.org/what-we-do/three-delays-model/.

Murigi, S. (2010). *Should Uganda Ban Traditional Birth Attendants? Retrieved from http://www.theguardian.com/katine/katine-chronicles-blog/2010/mar/30/traditional-birth-attendants-ban. Acedido em 16 de março de 2014.*

Regime Nacional de Seguro de Doença. (sem data). *Política de cuidados maternos gratuitos.*

Onah, H. E., Ikeako, .L C., e Iloabachie G. C. *Factores associados à utilização dos serviços de maternidade em Enugu, no sudeste da Nigéria.* Recuperado de http://www.ncbi. nlm.nih.gov/pubmed/16766107. Acedido em 5 de abril de 2014.

Onasoga, Olayinka, A., Opiah, Mombel, M., Osaji T. A. e Iwolisi, A. *Perceived effects of midwives attitude towards women in labour in Bayelsa State, Nigeria.* Recuperado de http://scholarsresearchlibrary.com/aasr-vol4-iss2/AASR-2012-4-2-960-964.pdf. Acedido em 1 de maio de 2014.

Ritchie, J. e Lewis, J. (2008). *Métodos de recolha de dados na investigação qualitativa: entrevistas e grupos de discussão.* Recuperado de http://www.nature.com/bdj/journal/v204 /n6/full/bdj.2008.192.html.

Senah, K. (2003). *Maternal Mortality in Ghana: the Other Side (Mortalidade Materna no Gana: o Outro Lado).* Recuperado de http://www.ajol.info/index.php/rrias/article/view/22867. Acedido em 19 de abril de 2014.

Sheela M. (2001). *Should Traditional Birth Attendants Conduct Deliveries?* Recuperado de http://www.slideshare.net/nyayahealth/boston-medical-center-obgyn-grand-rounds. Acedido em 2 de março de 2014.

Simkhada, B., Van-Teijlingen, E. R., Porter, M. e Simkhada, P. (2008). *Factors Affecting the Utilization of Antenatal Care in Developing Countries (Factores que afectam a utilização dos cuidados pré-natais nos países em desenvolvimento): Systematic Review of the Literature.* Obtido em http://www.ncbi.nlm.nih.gov/pubmed/18197860.

Speziale, H. J. S. e Carpenter, D. R. (2007). *Investigação Qualitativa em Enfermagem:*

Advancing the Humanistic Imperative.

O estado da obstetrícia no mundo. (2011). *Delivering Health, Saving Lives. Fundo das Nações Unidas para a População.* Recuperado de http://en.wikipedia.org/wiki/Health_in_Ghana. Acedido em 7 de janeiro de 2014.

Nações Unidas. (sem data). Objectivos de Desenvolvimento das Nações Unidas (parágrafo 1). Retirado de http://www.un.org/millenniumgoals/maternal.shtml

Vanphanom S., Visanou H., Vatsana S., Sisouvanh X., Alongkone P. e Rebecca P. (2012). *Razões pelas quais as rurais do Laos escolhem os partos em casa em vez dos partos nas unidades de saúde: A Qualitative Study. Recuperado de http://www.biomedcentral.com/1471-2393/12/86. Acedido em 18 de março de 2014.*

Periscópio da Western Health. (sem data). Número 2, Vol. 1. página 5. Ocidental. Recuperado de http://www.ghanadistricts.com/region/?r=5.

Organização Mundial de Saúde. (1978). *Cuidados de saúde primários, Relatório da Conferência Internacional sobre Cuidados de Saúde Primários,* Genebra.

Organização Mundial de Saúde. (2002). *Antenatal Care Randomized Trial (Ensaio aleatório de cuidados pré-natais): Manual for the Implementation of the New Model* (Genebra). Recuperado em 14 de janeiro de 2014, de http://whqlibdoc.who.int/hq/2001/WHORHR_01.30.pdf

Organização Mundial de Saúde. (2004). *Making Pregnancy Safer, a Joint Statement by WHO ICM and FIGO* (Genebra).

Organização Mundial de Saúde. (2007). *Normas para os cuidados maternos e neonatais*. Genebra.

Organização Mundial de Saúde. (maio de 2012). *Factos sobre a mortalidade materna* (número 3408). Recuperado de http://www.who.int/mediacentre/factsheets/fs348/en/. Acedido em 14 de janeiro de 2014.

Organização Mundial da Saúde; Fundo das Nações Unidas para a Infância. (2012). *Contagem decrescente para 2015: Construindo um Futuro para Mulheres e Crianças - o Relatório de 2012*. Disponível em http://countdown2015mnch.org/documents/2012Report/2012-Complete.pdf.

yes I want morebooks!

Buy your books fast and straightforward online - at one of world's fastest growing online book stores! Environmentally sound due to Print-on-Demand technologies.

Buy your books online at
www.morebooks.shop

Compre os seus livros mais rápido e diretamente na internet, em uma das livrarias on-line com o maior crescimento no mundo! Produção que protege o meio ambiente através das tecnologias de impressão sob demanda.

Compre os seus livros on-line em
www.morebooks.shop

info@omniscriptum.com
www.omniscriptum.com

Printed by Books on Demand GmbH, Norderstedt / Germany